十二届全国人大四次会议《政府工作报告》学习辅导

2015年中国发展成就

刘应杰　著

中国言实出版社

图书在版编目（CIP）数据

2015年中国发展成就 / 刘应杰著. —北京：中国言
实出版社，2016.3
ISBN 978-7-5171-1818-3

Ⅰ.①2… Ⅱ.①刘… Ⅲ.①中国经济—经济发展—
研究—2015②社会发展—研究—中国—2015 Ⅳ.①F124

中国版本图书馆CIP数据核字（2016）第059782号

出 版 人：王昕朋
责任编辑：王丹誉
文字编辑：张　强

出版发行　中国言实出版社
　　　　　地　　址：北京市朝阳区北苑路180号加利大厦5号楼105室
　　　　　邮　　编：100101
　　　　　编辑部：北京市海淀区北太平庄路甲1号
　　　　　邮　　编：100088
　　　　　电　　话：64924853（总编室）64924716（发行部）
　　　　　网　　址：www.zgyscbs.cn
　　　　　E-mail：zgyscbs@263.net
经　　销　新华书店
印　　刷　三河市祥达印刷包装有限公司
版　　次　2016年3月第1版　　2016年3月第1次印刷
规　　格　850毫米×1168毫米　1/32　0.5印张
字　　数　7.5千字
定　　价　3.50元　　ISBN 978-7-5171-1818-3

2015 年是我国发展进程中很不平凡的一年。在以习近平同志为总书记的党中央坚强领导下，全国各族人民以坚定的信心和非凡的勇气，攻坚克难，开拓进取，经济社会发展稳中有进、稳中有好，完成了全年主要目标任务，改革开放和社会主义现代化建设取得新的重大成就。《政府工作报告》归纳概括了过去一年取得的标志性成就，指出这些成就是在复杂严峻的国内外环境下取得的，确实来之不易。

一、我国经济社会发展取得新的重大成就

2015 年我国经济运行总体平稳，宏观调控主要指标处在合理区间，经济保持中高速增长，结构调整取得积极进展，改革开放向纵深迈进，发展新动能加快成长，科技发展取得新成就，人民生活进一步改善，社会大局总体稳定。

（一）经济运行保持在合理区间

一是经济平稳增长。国内生产总值达到 67.7 万亿元，

增长 6.9%，符合年初提出的 7% 左右的预期目标，这一增速在世界主体经济体中位居前列。2015 年，美国经济增长 2.4%，欧元区经济增长 1.5%，日本经济增长 0.6%，俄罗斯经济增长 -3.7%，巴西经济增长 -4%，只有印度经济增长 7.3%。中国经济对全球经济增长的贡献率超过 25%，仍然是全球经济增长的动力之源和稳定之锚。

二是物价保持在较低水平。2015 年粮食产量实现"十二连增"，全国粮食总产量达到 62,143 万吨，比上年增加 1441 万吨，增长 2.4%。农业再获丰收，为稳增长、稳物价奠定了重要基础。全年居民消费价格比上年上涨 1.4%，主要是由食品价格上涨 2.3% 带动，而猪肉价格上涨 9.5% 和鲜菜价格上涨 7.4% 成为突出因素。全年工业生产者购进价格比上年下降 6.1%，呈现持续走低的态势。

三是就业形势总体稳定。这成为经济运行中的一大亮点。2015 年在经济增速下降的情况下，就业不降反升，全国城镇新增就业 1312 万人，超过年初预期新增就业 1000 万人的目标，增长 30% 以上；年末城镇登记失业率 4.05%，31 个大城市调查失业率 5.05%，可以说实现了比较充分的就业。随着我国经济发展，特别是产业结构的变化，经济增长带动就业的弹性系数提高，过去经济每增长 1 个百分点，可以带动 100 万人就业，现在经济每增长 1 个百分点，可以带动 160 万人就业。就业的稳定增长，主要得益于我国第三产业的快速发展、简政放权和"大众创业、万众创新"带来新登记注册市场主体的大幅增加。我国服务业已经成为吸纳就业的第一大产业，占就业总量的40%以上。

（二）结构调整取得积极进展

一是服务业占据国民经济的"半壁江山"。2015年，服务业增加值在国内生产总值中的比重首次超过一半，从上年的48.1%上升到50.5%，比第二产业高10个百分点，成为国民经济的最大产业。生产性服务业快速发展，研发设计、第三方物流、商务咨询、服务外包、人才服务和品牌培育等产业规模不断扩大，以互联网为牵引的电子商务、产品定制和第三方支付迅速发展。生活性服务业不断拓展和转型升级，文化体育、家政服务、健康养老、旅游等服务业保持旺盛增长势头。

二是消费对经济增长的贡献率提高。全年社会消费品零售总额超过30万亿元，比上年增长10.7%。消费规模从2008年突破10万亿元，到2012年4年时间突破20万亿元，到2015年3年时间突破30万亿元大关。消费对经济增长的贡献率达到66.4%，比上年提高到15.4个百分点，创15年来新高，成为经济增长的第一驱动力。在拉动经济增长的"三驾马车"中，相较投资的增速下降和出口的负增长，消费在过去一年的表现更为亮眼，充分发挥了经济增长的"稳定器"和"压舱石"作用。这标志着中国正在实现经济增长由投资和出口拉动为主，向由内需特别是消费拉动为主的方向转变。在消费的稳定增长中，尤其抢眼的是，新型消费加快成长。2015年全国网上零售额3.88万亿元，比上年增长33.3%。其中，实物商品网上零售额3.24万亿元，增长31.6%，占社会消费品零售总额的比重为10.8%；非实物商品网上零售额6349亿元，增长42.4%。旅游消费快速发展，2015年我国接待国内外旅游人数超过41亿人次，旅游总收入达4.13万亿元。中国居民境外消费异常火爆，全年我国出境旅游人数达到1.2亿人次，境外消费总额达到1.5万亿元，其中用于购物消费在8000亿元左右。中国出境旅游人数和消费规模均居世界第一。这从一个侧面反映出中国居民旺盛的消费能力。

三是高技术产业和装备制造业快于一般工业。2015年，高技术产业增长10.2%，装备制造业增长6.8%，均高于规模以上工业增长6.1%的水平，对工业增长的拉动作用明显增强。工业结构进一步优化，高技术产业所占比重由2014年的10.6%上升至2015年的11.8%，装备制造业所占比重由30.4%提高到31.8%。

四是城乡和区域发展协调性增强。从城乡结构看，城镇常住人口77,116万人，比上年末增加2200万人，乡村常住人口 60,346 万人，减少 1520 万人，城镇化率达到 56.1%。中西部地区加快发展，中部和西部规模以上工业增加值比上年分别增长 7.6% 和 7.8%，快于东部地区 0.9 和 1.1 个百分点；中部地区固定资产投资增长 15.7%，快于东部地区 3 个百分点。一些中西部地区经济增速位居前列，西部地区重庆和西藏经济增长高达 11%，贵州增长 10.7%，新疆增长 8.8%，云南增长 8.7%；中部地区江西增长 9.1%，湖北增长 8.9%，安徽增长 8.7%，湖南增长 8.6%，河南增长 8.3%，都保持了高于全国平均水平的增长速度。

五是节能减排取得积极进展。高耗能行业及其上游采矿业增速下降，在工业结构中所占比重降低。在能源结构中，煤炭消费量下降 3.7%，占能源消费总量的比重下降为 64%；水电、风电、核电、天然气等清洁能源消费量，占能源消费总量的比重提高到 17.9%。单位国内生产总值能耗下降 5.6%，二氧化碳排放量下降 6% 以上，二氧化硫、化学需氧量、氨氮、氮氧化物排放量分别下降 5.8%、3.1%、3.6% 和 10.9%，万元工业增加值用水量下降 3.9%。首批实施新环境空气质量标准的 74 个城市细颗粒物（$PM_{2.5}$）平均浓度下降 14.1%。重点流域水污染防治和湖泊生态环境保护工程力度加大，地表水达到或好于 III 类水体的比例提高到 66%。我国建设性参与巴黎气候大会，提出全球气候治理中国方案，为成功签订巴黎协定作出积极贡献。

（三）发展新动能加快成长

我国已进入科技创新的爆发期，新一轮科技革命和产业变革蓄势待发，特别是互联网技术的广泛运用，降低了创业创新成本，为释放全社会的创造力提供了更大空间。创新驱动战略持续推进，各方面创新成果层出不穷。这些新动能对稳就业、促升级发挥了突出作用，正在推动经济社会发生深刻变革。

一是科技创新成果不断涌现。2015年，全社会研发投入达到14,220亿元，比上年增长9.2%，占GDP比重连续3年超过2%，投入强度居世界第二。美国国家科学基金会发布的报告显示，中国已成为世界第二研发大国，在研发投入、科技论文产出、高技术制造增加值等方面均居世界第二位，理工科人才供应居世界第一。在按购买力平价计算的全球研发总支出中，美国占27%，中国占20%，日本占10%，德国占6%。我国科技进步贡献率持续提高，由2012年的52.2%增加到2015年的55.1%。经济发展正在从要素驱动，转向创新驱动。

二是新产业、新业态、新模式快速成长。互联网与各行业加速融合，新兴产业快速发展，这成为我国经济结构调整、转型升级的重要推动力。以数字化、网络化、智能化为特征的智能制造正在兴起，成为制造业的新生力量。战略性新兴产业规模不断扩大。如深圳的战略性新兴产业增加值占 GDP 比重已经超过 35%，一批富有创新活力的企业如华为、中兴、大疆等，展现出国际竞争力。在经济下行压力加大、传统产业增速减缓的情况下，新一代通信网络、高端装备、智能制造、机器人、新能源汽车、3D 打印、智能电视等新产业发展势头迅猛。我国已建成世界上最大规模的第四代移动通信网络，4G 用户达到 3.8 亿户，4G 取代 3G 已成为发展的大趋势，并正在向 4G+ 或 4.5G 迈进。2015 年，我国新能源汽车产量达到 37.9 万辆，同比增长 4 倍，成为全球新能源汽车生产第一大国，比亚迪、北汽等 4 家企业进入全球新能源乘用车销量前 10 名，国产新能源客车已销往全球 30 多个国家、160 个城市。2015 年在新设立企业中，服务业企业大增，特别是信息、文化、教育等新兴服务业快速增长，"互联网＋"为产业结构优化升级注入了新的活力。到年底，第三产业实有企业 1635.7 万户，占企业总数的 74.8%，所占比重提高了 1.5 个百分点。

三是大众创业、万众创新蓬勃发展。随着简政放权、放管结合、优化服务改革深入推进，工商登记制度改革取得突破性进展，商事制度改革还权于企业和市场，激发了广大群众创业创新的积极性，新登记市场主体大幅增长，这也成为我国经济发展中的一大亮点。2015年全国新登记注册市场主体1449.8万户，其中企业443.9万户，比上年增长21.6%；平均每天新增企业1.2万户，比2014年平均每天1万户明显提高，改革前平均每天是6900户。据调查，每个企业平均吸纳就业7.4人，每个工商户吸纳就业2.9人。我国经济发展已进入创业创新的繁荣时期。新企业的大量增加，对稳增长、促就业、调结构发挥了重要作用，有效对冲了经济下行压力，培育了经济发展新动能。

（四）人民生活进一步改善

一是城乡居民收入快速增长。2015年居民收入增长快于经济增长，全国居民人均可支配收入21,966元，实际增长7.4%，快于经济增长6.9%的水平。农村居民收入增长快于城镇居民收入增长，农村居民人均可支配收入11,422元，实际增长7.5%；城镇居民人均可支配收入31,195元，实际增长6.6%。2015年城乡居民人均收入倍差2.73，呈继续缩小态势。农民工月均收入水平3072元，比上年增长7.2%。2015年末城乡居民储蓄存款余额新增4万亿元，增长8.5%。储蓄存款的快速增加，成为群众收入增长、生活提高的一个重要标志。

二是社会保障水平稳步提高。全国基本养老保险参保人数达到8.58亿人，基本医疗保险参保率稳定在95%

以上。共有 1708 万人享受城市居民最低生活保障，有 4903 万人享受农村居民最低生活保障。全年城镇保障性安居工程新开工 783 万套，基本建成 772 万套。经过不懈努力，又解决 6434 万农村人口安全饮水问题，最后一批无电人口用电问题得到解决。

三是扶贫攻坚力度进一步加大。实施精准扶贫、精准脱贫，多措并举推进扶贫攻坚工程，农村贫困人口大幅减少。按照每人每年 2300 元的农村扶贫标准计算，2015 年农村贫困人口下降到 5575 万人，比上年减少 1442 万人。

2015 年，我国科技领域喜报频传，一批创新成果达到国际先进水平。自主研制的 C919 大型客机总装下线，标志着我国在大飞机制造领域取得突破性进展。中国高速铁路营运里程达到 1.9 万公里，占到全世界的 60% 以上，高铁成为中国装备走出去的一张"亮丽名片"。我国自主研发的第三代核电技术达到世界先进水平，"华龙一号"开始走向世界。超级计算机"天河二号"运算速度再破世界纪录，实现六连冠，继续保持世界第一的位置。屠呦呦由于发现和提纯青蒿素，研制出治疗疟疾的"中国神药"，挽救了无数人的生命，获得诺贝尔生理学或医学奖，成为中国第一个获得诺贝尔奖的科学家。基础研究领域的一些重大突破，正在为中国经济发展蓄积巨大潜能。我国建成了世界上首个城域量子通信网，千亿元级的量子通信产业离我们越来越近。我国成功研制出国际首根 10 米量级的高性能 122 型铁基超导长线，被称为铁基超导材料实用化进程中的决定性一步。

北京成功获得 2022 年冬季奥林匹克运动会举办权，成为世界上首个获得冬季和夏季两届奥运会举办权的城市。我们隆重纪念中国人民抗日战争暨世界反法西斯战争胜利 70 周年，集中宣示了我国作为世界反法西斯战争东方主战场的历史地位和重大贡献，彰显了中国人民同各国人民共护和平、共守正义的坚定信念。我国发布推动共建"一带一路"的愿景与行动，对接相关国家发展战略，得到众多国家的积极响应。亚洲基础设施投资银行在北京正式成立，57 个国家成为创始成员国。金砖国家新开发银行在上海正式开业。人民币纳入国际货币基金组织特别提款权货币篮子，成为人民币国际化的重要里程碑。

二、发展成就来之不易

回顾过去一年，成绩来之不易。国内外环境复杂多变，我国发展面临多重困难和严峻挑战。以习近平同志为总书记的党中央全面把握国内国际两个大局，保持战略定力，妥善应对挑战，主动适应和引领经济发展新常态，坚持稳中求进工作总基调，统筹稳增长、促改革、调结构、惠民生、防风险，实施一系列重大改革发展政策措施，取得了经济社会发展的新成就。

（一）这些成绩是在极为复杂严峻的国际环境中取得的

世界经济总体上处于国际金融危机之后的深度调整期，复苏动力不足，增长势头脆弱，主要经济体走势分化，国际环境的不稳定不确定性增加。2015 年世界经济增速为 6 年来最低。根据国际货币基金组织数据，2015 年世界经济增长 3.1%，低于 2014 年增长 3.4%。国际贸易增速更低，只有 2.5%，低于 2014 年增长 3.4% 的水平。以美元计算，全球跨境商品总价值下降 13.8%。国际大宗商品价格在起伏波动中深度下跌。石油价格从 2013 年每桶超过 100 美元，下降到 2015 年年底的 34 美元。OPEC 一揽子原油价格从 1 月份每桶 44 美元，上升到 5 月份超过 62 美元，到 12 月份下降到 34 美元。金属矿产品价格，从 2011 年时的高位下跌了一半左右。能源和矿产品价格的大幅下跌，对世界上一些以能矿产品出口为主的国家造成了巨大影响，如俄罗斯、巴西等经济出现负增长，中东石油国家收入大幅减少。与此同时，非能源产品、农产品等价格也出现较大幅度下降，如农产品价格下降了 15% 左右。由此带来市场物价走低，美国 2015 年消费者价格涨幅只有 0.1%，生产者价格 -0.9%；欧元区消费者价格是零增长，生产者价格 -3%；日本消费者价格由年初的 2.4% 下降到年末的 0.3%，生产者价格 −2.3%。各国普遍感觉到经济低迷和市场的寒意，美国经济增长由强转弱，美联储加息的"靴子"落地之后不如预期，反而又出现了减息的可能。国际金融市场震荡加剧，股市起落波动，汇市贬多升少。

世界经济不景气对我国经济发展造成直接冲击。受国际市场普遍下滑的影响，我国进出口贸易出现较大幅度下降，全年进出口总额 245,849 亿元，比上年下降 7.0%。其中出口 141,357 亿元，下降 1.8%；进口 104,492 亿元，下降 13.2%。在这种严峻的国际市场环境下，我国能够保持 6.9% 的经济增速，主要依靠了国内需求，特别是消费的稳定增长，并且实现了稳中有进、稳中有好，确实难能可贵。

（二）这些成绩是在国内深层次矛盾凸显、经济下行压力加大的情况下取得的

我国正处在经济增速的换挡期、结构调整的阵痛期和前期刺激政策的消化期。传统增长动能弱化，投资增速持续回落，2015 年全社会固定资产投资增长 11.8%，房地产开发投资增长只有 1%，出口下降 1.8%，只有消费保持在 10.6% 的平稳水平。新旧动能转换"青黄不接"，长期积累的矛盾和风险逐步显现，产能过剩问题严重，企业生产经营困难，工业增速只有 6.1%，经济下行

压力持续加大。财政收入增长放缓，收支矛盾突出，金融等领域存在风险隐患。

面对"三期叠加"的局面，经济工作遇到不少两难甚至多难问题。既要稳定经济增长，又不能采取过去强刺激的办法，还要注重调整和优化经济结构；既要稳定就业、增加居民收入、保障和改善民生，又要注重防范和化解经济金融风险；既要下大力气推进改革开放，充分激发市场活力和社会创造力，又要注重处理好各方面关系，维护社会和谐稳定。总的来说，就是要统筹稳增长、促改革、调结构、惠民生、防风险，特别是保持稳增长与调结构之间的平衡。这就像"走钢丝"一样，是一套高难度的动作，需要高超的驾驭复杂局面的能力，妥善应对风险挑战，远近结合，趋利避害，积极作为，善谋善为，有力有序有效应对。党中央、国务院主动适应和引领经济发展新常态，把转方式调结构放到更加重要的位置，狠抓改革攻坚，突出创新驱动，强化风险防控，加强民生保障，保持了经济运行在合理区间，促进了经济平稳健康发展与社会和谐稳定。

（三）这些成绩是在我国经济总量超过 60 万亿元的高基数上取得的

2015 年我国经济总量达到 67.7 万亿元，比上年增加40,569 亿元。按人民币平均汇率 1 美元折合 6.2284 元计算，我国经济总量约合 10.865 万亿美元，稳居世界第二位，一年的增量为 6514 亿美元，相当于一个中等国家的经济规模。人均国内生产总值达到 7900 多美元，进入中等收入国家的中高水平。我国已有 10 个省区市，总人口超过 5 亿人，包括天津、北京、上海、江苏、浙江、内蒙古、福建、广东、山东等，人均 GDP 达到 1 万美元以上，接近或进入高收入国家水平。

随着经济规模扩大，经济增长的难度随之增加。现在国内生产总值每增长 1 个百分点的增量，相当于 5 年前 1.5 个百分点、10 年前 2.5 个百分点的增量。2015 年经济增长 6.9% 的增量 40,569 亿元，超过了 1993 年全年的国内生产总值 35,524 亿元。而且，这是在调整和优化经济结构、提高增长质量和效益的基础上实现的，更加来之不易。

发展如逆水行舟，不进则退。面对经济下行压力，诸多矛盾叠加、风险隐患增多的严峻挑战，全国各族人民付出了极大辛劳，爬坡过坎一步一步走了过来。这再次表明，我们能够战胜前进道路上的一切困难，任何艰难险阻都挡不住中国发展前行的步伐！